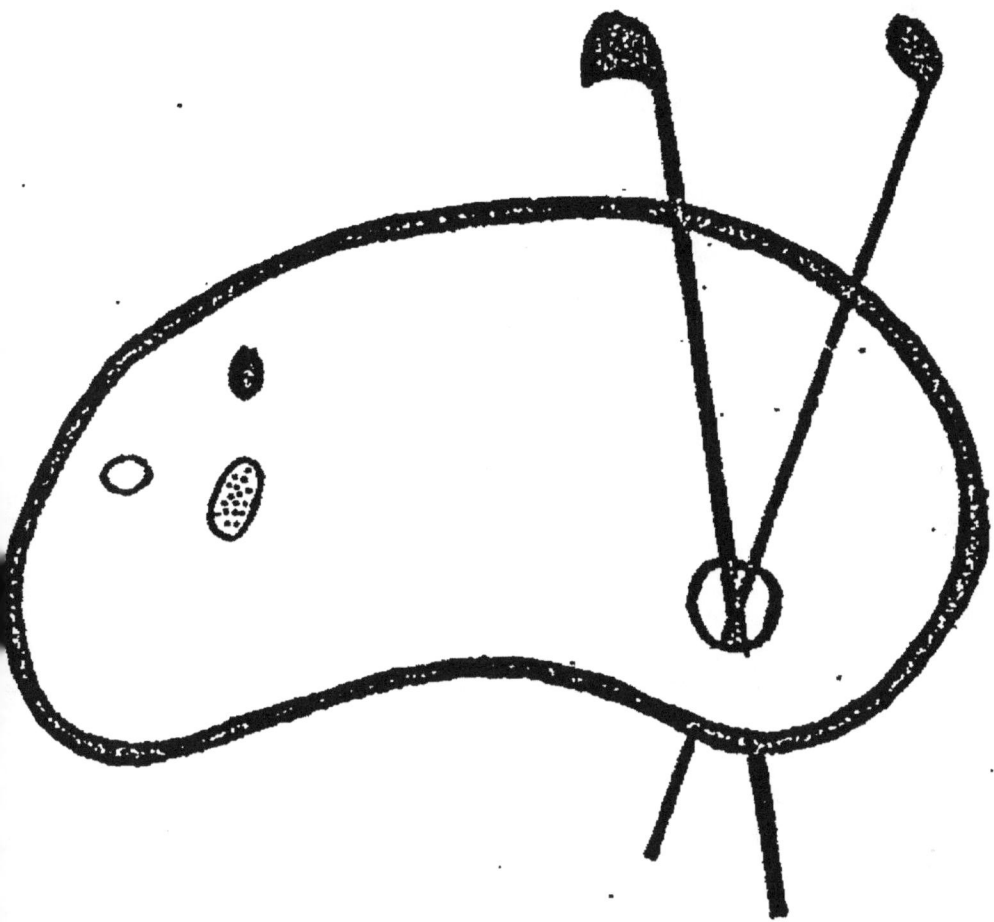

DEBUT D'UNE SERIE DE DOCUMENTS
EN COULEUR

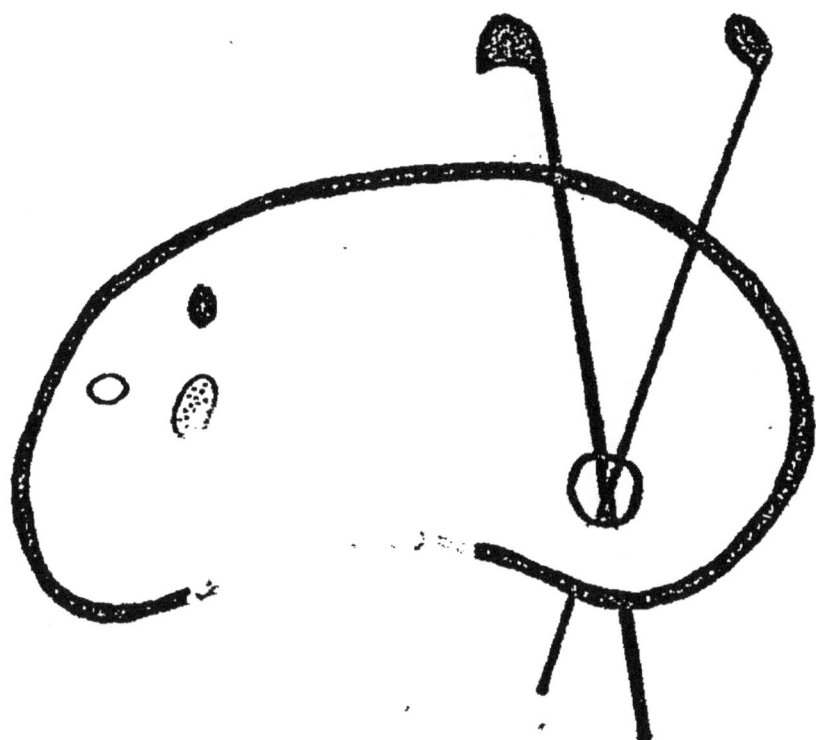

FIN D'UNE SERIE DE DOCUMENTS
EN COULEUR

BIBLIOTHÈQUE

DE LA

JEUNESSE CHRÉTIENNE

APPROUVÉE

PAR Mᵍʳ L'ARCHEVÊQUE DE TOURS

—

SÉRIE PETIT IN-12

La vieille femme apprenait à la petite fille une leçon
que l'enfant répétait avec docilité.

(P. 80.)

MARGUERITE

OU

LA JEUNE AVEUGLE

PAR

STÉPHANIE ORY

TOURS

ALFRED MAME ET FILS, ÉDITEURS

—

1877

MARGUERITE

ou

LA JEUNE AVEUGLE

———❦———

Iʳᵉ LETTRE

———

AMÉLIE DE COURCELLES A MATHILDE PERCEVAL

Vernon, ce 20 août 1855.

Selon la promesse que je t'en ai faite
en partant, je m'empresse, ma chère
Mathilde, de te donner des nouvelles de
mon voyage. Tout d'abord, et pour ras-
surer ton amitié, si facile à s'alarmer,
je te dirai qu'il s'est accompli sans le
moindre déraillement, sans le moindre
choc, sans le plus léger accident d'aucune

espèce, et que le départ et l'arrivée se
sont effectués avec cette exactitude et
cette rapidité qui n'appartiennent qu'aux
chemins de fer.

Maintenant, pour achever de remplir
ma promesse, je vais te donner quelques
détails succincts de ce voyage, si toutefois on peut appeler ainsi une distance
de quatre-vingts kilomètres à peine, par-
courue en moins de trois heures. Sans
doute le pays que l'on traverse, les villes,
les châteaux, les campagnes qui s'offrent
à vos yeux, pourraient fournir matière
à un volume de descriptions et de souvenirs historiques ; mais, outre que je
n'ai pas la prétention de faire concur-
rence au *Guide du voyageur en chemin
de fer*, j'avoue que cela me serait de toute
impossibilité, attendu que d'abord je
n'ai pas l'érudition nécessaire, puis que

je n'ai fait qu'entrevoir, pour ainsi dire,
le pays que j'ai parcouru, saisir à la
course des noms, et recueillir quelques
renseignements donnés par ma tante et
par une dame de sa connaissance que
nous avons rencontrée. Ainsi, sans plus
long préambule, je commence le récit
de ma courte odyssée.

Nous sommes parties par le train de
sept heures vingt-cinq minutes du matin.
Dès avant sept heures, car tu connais
l'exactitude de ma tante, nous étions arrivées à la gare de la rue Saint-Lazare,
et introduites les premières dans la salle
d'attente. D'autres voyageurs ne tardè-
rent pas à arriver. Je m'amusais à exa-
miner quelques figures étranges, et trois
ou quatre Anglaises à la toilette bizarre,
à la démarche roide et compassée, quand
tout à coup ma tante, qui était assise à

côté de moi, se leva vivement pour aller
au-devant d'une dame qui entrait dans
la salle. « Vous ici, Madame, s'écria ma
tante en l'abordant; comment ne m'avez-
vous pas prévenue de votre arrivée à Paris ?

— Je ne m'y suis pas arrêtée, répondit
la dame; je n'ai fait que le traverser hier
matin et prendre le chemin de fer d'Or-
léans pour me rendre à Bourges, où
m'appelait une affaire importante. Cette
affaire terminée, je suis repartie par le
train de cette nuit, et il y a deux heures
à peine que je suis arrivée. Vous voyez
qu'il m'eût été difficile de vous rencon-
trer sans l'heureux hasard qui nous réunit
en ce moment, et qui me permettra de
retourner avec vous à Vernon.

— Pour moi, reprit ma tante, je suis
enchantée de cette rencontre, qui me
procurera le plaisir de votre société, et

l'occasion de vous présenter ma nièce un peu plus tôt que je ne l'espérais.

— Ah ! c'est Mlle de Courcelles, dont vous m'avez si souvent parlé, a dit la dame en me faisant de la tête un gracieux salut, auquel je m'empressai de répondre par une profonde révérence.

— Amélie, a repris ma tante, salue Mme de Molveau, ma voisine de campagne, et, de plus, mon excellente amie, à qui j'ai l'honneur de te présenter. »

Nouvelle révérence de ma part, comme tu le penses bien, et nouvelle inclination bienveillante de la part de Mme de Molveau, qui me dit : « Vous ne m'êtes pas inconnue, Mademoiselle ; car Mme votre tante nous a souvent parlé de vous, à ma fille et à moi, et nous attendions avec impatience l'époque des vacances pour faire une connaissance plus complète.

— Et comment va-t-elle, cette chère Marguerite? reprit vivement ma tante; pardonnez-moi de ne vous en avoir pas demandé plus tôt des nouvelles.

— Je l'ai laissée bien portante hier matin, mais vivement affectée de mon absence; car vous comprenez que dans sa position elle doive terriblement s'ennuyer de rester seule. Aussi n'ai-je pas perdu une minute dans mon voyage, et, quelque rapides que soient aujourd'hui les moyens de communication, je les ai trouvés encore trop lents à mon gré; c'est vous dire combien il me tarde d'être rendue à la maison. »

Ici la conversation de ces deux dames fut interrompue par l'ouverture des portes de la salle d'attente et le signal de monter en wagon. Ma tante prit le bras de Mme de Molveau, et, tandis que nous gagnions, le long du quai d'embarquement, le train, qui stationnait à une certaine distance, ces dames se mirent à causer entre elles tout bas. Pour ne pas paraître indiscrète et ne pas les gêner, je marchai quelques pas en avant, et bientôt nous montâmes dans le wagon réservé aux dames.

Trois personnes se trouvaient déjà dans le compartiment que nous occupâmes, ce qui parut un peu contrarier ma tante : elle eût désiré que nous fussions seules avec Mme de Molveau ; mais il n'y avait pas moyen, tous les autres compartiments étant au complet. Je n'aurais pas été fâchée non plus de faire immédiatement une plus ample connaissance avec l'amie de ma tante. L'air de distinction de cette dame m'avait frappée, ainsi que sa physionomie pleine de bonté et de douceur, et en même temps empreinte d'une certaine mélancolie qui semblait annoncer quelque peine secrète, quelque chagrin profond. Elle est plus jeune et plus grande que ma tante ; elle a dû être aussi plus belle ; mais ses cheveux, qui commencent à blanchir, et les rides qui creusent son front, sont peut-être l'indice des cruels soucis qui ont appelé avant le temps ces signes de la vieillesse... Serait-ce à cause de sa fille qu'elle aurait éprouvé ces peines ? Cette enfant serait-elle malade, ou affectée d'une mauvaise santé ? Cependant elle n'a pas hésité à dire tout à l'heure qu'elle l'avait laissée bien portante hier matin ; mais pourquoi a-t-elle ajouté que dans sa position elle devait s'ennuyer d'être seule ? Puis pourquoi ma tante et elle se sont-elles entretenues tout bas, probablement à son sujet ? Car, tout en n'écoutant pas, j'ai entendu plusieurs

fois prononcer le nom de Marguerite.
Tandis que ces réflexions occupaient mes
pensées, sans pourtant donner trop d'im-
portance à ces mystères, le train s'était
mis peu à peu en mouvement, et ne tar-
dait pas à s'élancer à toute vapeur sur
la voie ferrée. Il faisait un splendide soleil; l'air était tiède, il eût même paru
chaud sans la rapidité de notre course.
Bientôt l'aspect varié du paysage qui se
déroulait à mes yeux fit une puissante
diversion aux idées auxquelles s'arrêtait
mon esprit un instant auparavant. A peine
avions-nous franchi l'enceinte fortifiée,
que nous nous trouvâmes transportées
sur les bords de la Seine; nous la franchî-
mes sur un pont auprès d'un joli village,
nommé Asnières; puis nous arrivâmes
à Colombes, où le chemin de Normandie abandonne la route qui conduit à

Saint-Germain. Je connaissais cette route
jusque-là pour avoir fait, l'année dernière, avec ma tante le voyage de Saint-
Germain à l'époque de la fête des Loges.
Maintenant j'entrais dans un pays tout
nouveau pour moi. En un clin d'œil, Colombes et Besons avaient disparu, et, un
instant après, apparaissait Maisons, « ja-
dis château royal, me dit ma tante : riche
demeure qui se souvient de Louis XV, de
Marie-Antoinette, la dernière reine de
France, de Napoléon Bonaparte; demeure
aujourd'hui morcelée par la spécula-
tion. » Puis nous entrâmes dans la forêt
de Saint-Germain, dont les paisibles
hôtes ont dû être bien effrayés les premières fois qu'ils virent traverser leur
domaine par ces terribles machines vo-
missant la flamme et la fumée, et traînant
après elles ces lourds wagons de fer-rou-

lant avec un bruit de tonnerre. Mais il paraît qu'on s'accoutume à tout ; car j'ai vu des faisans se promener paisiblement dans une clairière à peu de distance de nous, comme des poules dans une basse-cour ; des lapins nous regardaient tranquillement passer en broutant leur serpolet ; et un chevreuil qui paissait à quelques pas de la barrière ne songeait point à se déranger, quand un violent coup de sifflet de la locomotive, qui annonçait notre arrivée à la station de Conflans, l'a effrayé, et lui a fait prendre la fuite.

Bientôt nous quittons la forêt de Saint-Germain pour retrouver la Seine à Poissy, petite ville dont nous apercevons quelques édifices, et, entre autres, le beau pont sur le fleuve. « C'est ici que naquit saint Louis, me dit ma tante, et qu'il fut baptisé. Souvent, en souvenir de

cet événement, ce pieux monarque si-
gnait « Louis de Poissy... » Aujourd'hui
cette petite ville ne possède plus de château royal ; mais elle a une prison cen-
trale, et un marché aux bestiaux pour
l'approvisionnement de Paris. » Après
Poissy vient Meulan. « Ici, dit Mme de
Molveau, commence en réalité l'histoire de Normandie ; car Meulan, autrefois ville normande, se souvient de Phi-
lippe-Auguste, qui en a fait une ville
française. » Un instant après, nous arri-
vions à Mantes, Mantes *la Jolie* et la bien
nommée. Quel charmant paysage ! ce
fleuve paisible, ces îles verdoyantes, ces
beaux arbres, ces champs cultivés, ce sol
fertile, tout vous charme, vous intéresse
et vous attire. A mesure que nous avan-
çons, le site devient plus ravissant. « Quel
est, demandai-je à Mme de Molveau, ce

château et ce beau village que nous apercevons sur notre droite ?

— C'est, me répondit-elle, Rosny, la
patrie de l'ami et du ministre de Henri IV,
le célèbre Maximilien de Béthune, duc
de Sully, qui porta longtemps le titre de
baron de Rosny. Cette noble résidence,
plus d'une fois visitée par Henri IV, était
devenue, il y a quelques années, la pro-
priété de Mme la duchesse de Berry.
L'aimable princesse affectionnait ce château, et y exerçait, avec une grâce charmante, une royale hospitalité. J'ai eu
l'honneur d'assister à plusieurs des fêtes
brillantes qu'elle y donnait ; mais ces
fêtes ont laissé moins de souvenirs dans le
cœur des habitants que les nombreux bienfaits répandus avec profusion par la digne
petite-fille du bon Henri... Cette maison
royale était tout à la fois une cour, un

hospice, une école. Aujourd'hui elle est tombée sous le marteau de la bande noire, et ce que vous en apercevez n'est plus qu'une construction moderne, élevée hier sur les débris de l'ancien manoir des Béthune... La forêt même a été saccagée, cette forêt coupée pour la première fois par Sully, un jour que le Béarnais n'avait pas d'argent pour payer ses soldats... C'en est fait à tout jamais de ces vieux murs et de ces arbres séculaires témoins de tant de grandeur et de tant de misères !... » Ici Mme de Molveau se tut, en poussant un profond soupir. Ces paroles, empreintes de tant de mélancolie, qui semble le fond du caractère de cette dame, avaient jeté une certaine tristesse au milieu de nous. Nous gardions le silence; mais ses yeux ne pouvaient se détacher de ce magnifique paysage, si

riche de touchants souvenirs. J'aurais
voulu pouvoir m'arrêter pour le contem-
pler plus à mon aise, et en graver dans
ma mémoire les divers aspects ; mais la
locomotive, comme cette voix impérieuse
dont parle Bossuet, nous crie : « Marche !
marche ! » et nous entraîne avec une rapidité effrayante.

Tandis que je faisais ces réflexions, on
avait allumé les lanternes intérieures des
wagons. « Que signifie cette précaution ?
dis-je à ma tante, il n'est que neuf heures
du matin ; est-ce que par hasard la nuit
arrive plus tôt qu'à l'ordinaire, ou bien
allons-nous avoir une éclipse de soleil ?

— Ah ! j'oubliais de te prévenir, mon
enfant, que nous allons traverser une
montagne dans un souterrain qui a trois
kilomètres de long, et où il règne une
obscurité plus complète que celle de la

nuit la plus noire; mais il ne faut pas plus de six à sept minutes pour le parcourir.

— En sommes-nous loin encore?

— Non; tu peux apercevoir d'ici, sur le haut de la montagne, les restes d'une tour : ce sont les ruines du château de Rolleboise, et c'est au pied de cette montagne que s'ouvre le souterrain. »

Je jetai les yeux du côté de cette montagne, qui semblait courir au-devant de nous. Malgré l'assurance où j'étais de l'absence de tout danger, je frissonnais à l'idée que nous allions pénétrer dans les entrailles de la terre. J'aurais voulu retenir le convoi; mais l'inexorable « marche! marche! » semblait le pousser avec une nouvelle impétuosité. Tout à coup, sans aucune transition, sans la moindre gradation, nous passons de la

splendide lumière du soleil dans l'obscurité la plus profonde, d'une atmosphère
pure et embaumée par le parfum des
fleurs dans un air lourd, étouffé, chargé
d'émanations suffocantes. Les lampes
des wagons et les lanternes placées de
distance en distance sous la voûte, loin
de dissiper les ténèbres, semblaient les
rendre plus opaques. Malgré moi, je me
livrais aux plus tristes idées; je méditais
ce passage de Bossuet sur la *brièveté
de la vie humaine,* qu'on nous faisait apprendre dans nos leçons de littérature, et
qui, depuis quelques instants, était revenu à ma pensée. Oui, me disais-je,
c'est bien là l'image de la vie, que le
grand orateur nous représente semblable
à un chemin dont l'issue est un précipice
affreux, vers lequel un poids invincible,
une force invisible nous entraîne. On

voudrait s'arrêter : non, non, il faut marcher, il faut courir : « Marche ! marche ! » tel est l'ordre irrévocable.

En vain ma raison me disait que nous n'avions rien à craindre ; mon imagination me représentait la montagne s'affaissant sur elle-même, et nous ensevelissant toutes vivantes dans ses débris. C'était un vilain rêve, ou plutôt un pénible cauchemar ; heureusement que le retour à la lumière vint bientôt le dissiper ; mais combien m'avaient paru longues les quelques minutes de cette traversée souterraine !... Je ne saurais t'exprimer avec quelle douce satisfaction je retrouvai l'air frais et pur, la campagne splendidement éclairée, campagne vaste et riche, dont les vastes horizons se confondent avec le ciel ! Je sentis ma poitrine comme soulagée d'un poids énorme,

et je ne pus m'empêcher de m'écrier :
« Dieu! que c'est beau et bon la lumière,
et que je plains les pauvres aveugles ! »

Ma tante me lança un coup d'œil
comme si j'avais dit une sottise; Mme de
Molveau poussa un profond soupir, et ses
yeux se mouillèrent de larmes. Ne com-
prenant rien à cette pantomime, je me
hâtai, pour faire diversion, de demander
le nom de la station où le train faisait un
temps d'arrêt : « C'est Bonnières, dit
Mme de Molveau, et là-haut, sur cette
montagne, ce château que vous apercevez est la Roche-Guyon, forteresse bâtie
par Louis le Gros, et qui a résisté plus
tard aux attaques du comte de Warwick
pendant les guerres que Charles VII sou-
tint pour chasser les Anglais de son
royaume. » Un peu plus loin, Mme de
Molveau me montra un petit ruisseau qui

se jette dans la Seine, et qui servait autrefois de limite à la Normandie et à l'Ile-de-France, comme il sert encore aujourd'hui à séparer le département de l'Eure du département de Seine-et-Oise. Un instant après nous descendions à la gare de Vernon. Je ne te dirai rien aujourd'hui de cette ville, dont l'aspect m'a paru fort beau. La voiture de Mme de Molveau l'attendait à la gare ; elle nous y a fait monter, et nous a déposées à la porte de l'habitation de ma tante, en nous donnant rendez-vous pour le soir ou pour le lendemain au plus tard.

Ma tante m'a installée dans une charmante petite chambre, qui a vue sur un beau jardin, et au delà sur une campagne verdoyante terminée par un coteau couvert de bois. On respire à pleins poumons un air pur et parfumé ; on jouit

d'un calme parfait, qu'aucun bruit im-
portun ne vient troubler. Quel contraste
avec le fracas étourdissant de Paris, et
la poussière du macadam ou de l'as-
phalte !

Après le déjeuner, ma tante, qui avait
quelques arrangements à faire dans la
maison, m'a engagée à me retirer dans
ma chambre pour me reposer un peu
pendant la chaleur du jour ; car je n'ai
pas dormi la nuit dernière. Mais le som-
meil s'est obstiné à ne pas vouloir fermer
mes yeux ; alors je me suis décidée à te
raconter mon voyage. Cependant je ne
termine pas ici ma lettre, et, comme elle
ne partira que demain soir, j'y ajouterai
encore quelques lignes avant de la clore
définitivement.

Du 21.

Bien m'en a pris, ma chère Mathilde,

de ne t'avoir pas envoyé ma lettre hier ;
car ce que j'ai à y ajouter est mille fois
plus intéressant que le récit de mon fa-
meux voyage de Paris à Vernon.

Hier soir, après le dîner, ma tante m'a
fait parcourir sa maison du haut en bas.
Je n'essaierai pas de la décrire, attendu
que dans quelques jours je t'en enverrai
un dessin qui t'en donnera mieux l'idée
que ne le pourrait faire la description la
plus minutieuse. Tout ce que je t'en dirai
aujourd'hui, c'est que cette habitation est
petite, mais charmante ; la situation surtout en est délicieuse. Tout entourée de
gazon, de jardins, de verdure, elle res-
semble à une perle au milieu d'un col-
lier d'émeraudes.

Après avoir visité la maison, nous
sommes allées faire un tour de jardin.
La chaleur avait été accablante pendant

une partie de la journée; mais dans ce
moment un vent léger, venant du côté
de la rivière, rafraîchissait l'atmosphère,
que n'échauffaient plus les rayons du
soleil près de disparaître sous l'horizon.
Nous allâmes nous asseoir sous un ber-
ceau de chèvrefeuille et de clématite,
situé à l'extrémité du jardin, d'où l'on
jouit d'une vue admirable sur une partie
de la vallée de la Seine. Nous ne disions
que peu de mots pour exprimer notre
ravissement, et mon âme était dans une
situation très-propre à recevoir de douces
émotions. Tout à coup les sons délicieux
d'un piano, touché par une main habile
et légère, se font entendre. Ces sons par-
taient d'un joli petit pavillon en forme
de kiosque, situé à peu de distance, dans
un jardin voisin de celui de ma tante.
En un instant je devins tout oreilles pour

écouter cette merveilleuse mélodie. La brise embaumée du soir m'apportait, avec le parfum des fleurs, jusqu'aux moindres vibrations des cordes de l'instrument. Tu sais que j'aime la musique, et que je passe pour être une des plus fortes de la pension sur le piano : eh bien, ma chère, dès les premières mesures, je reconnus que j'étais loin d'approcher du jeu fin, brillant, facile, et surtout expressif de l'artiste qui se faisait entendre en ce moment. Je n'osais pas interroger ma tante, de peur de perdre une seule note de cette charmante improvisation ; car il était aisé de reconnaître que l'artiste ne jouait pas un morceau suivi, mais qu'il laissait aller, pour ainsi dire, au hasard ses doigts sur le clavier, et en tirait, en se jouant et presque sans y penser, les plus merveilleux

effets. Après avoir ainsi préludé pendant
quelques minutes, l'instrument fit entendre les phrases régulières d'un air
suave et mélancolique qui semblait annoncer des paroles correspondantes à ce
chant. Presque aussitôt une voix enfan-
tine, fraîche et pure comme celle des
anges, soutenue par un accompagnement
simple, fit entendre les couplets suivants :

Adieu, noble flambeau du jour !
Tu vas quitter notre hémisphère ;
Mes pauvres yeux, éteints, fermés à la lumière,
N'ont pas vu ton déclin, hélas ! et ton retour
Ne rouvrira pas ma paupière.

Autrefois je pouvais te voir :
Oh ! je m'en souviens bien encore !
Qu'ils étaient beaux tes feux du couchant, de l'aurore,
Quand j'admirais en toi, le matin et le soir,
La splendeur du Dieu que j'adore !

Adieu ! je ne te verrai plus...
Mais je sens ta divine flamme ;
Elle est comme la foi qui m'éclaire et m'enflamme.
Gloire au Dieu qui m'ôta les biens que j'ai perdus !
Je vois encore avec mon âme...

J'avais écouté presque sans respirer, et, quand le chant eut cessé, je serrai la main de ma tante, et lui demandai avec empressement : « Quelle est cette jeune virtuose dont j'admirais tout à l'heure le talent comme pianiste, mais dont la voix me semble encore plus admirable ?

— C'est, me répondit-elle, une jeune fille, presque une enfant ; car elle n'a pas encore quatorze ans.

— Pas encore quatorze ans ! m'écriai-je ; il est vrai qu'au timbre de sa voix on ne peut guère lui donner que cet âge ; mais, à la perfection de son talent, je la prenais pour une personne d'un âge

beaucoup plus avancé... Je voudrais bien
faire la connaissance de ce jeune pro-
dige... » Je remarquai que ma tante sou-
riait en m'entendant exprimer ce désir...
« Ah! ah! repris-je en riant moi-même,
j'y suis maintenant; je parie que cette
jeune musicienne, votre voisine, n'est
autre que Mlle Marguerite de Molveau, à
qui vous avez déjà parlé de moi, et dont
vous devez me faire faire la connaissance?

— Tu as deviné, mon enfant.

— Eh bien, que tardez-vous à me
présenter chez sa mère? Il me semble
que ce matin, en nous quittant, elle vous
a dit : A ce soir.

— Oui; mais ce soir elle a des étran-
gers avec lesquels elle est en conférence
à l'occasion de l'affaire qui l'avait appe-
lée à Bourges avant-hier : de sorte qu'elle

ne peut nous recevoir. C'est ce qu'elle m'a fait dire tantôt pendant que tu étais dans ta chambre, en nous invitant pour demain matin à déjeuner chez elle en famille. Dans tous les cas, je ne suis pas fâchée que le hasard t'ait procuré l'occasion d'apprécier d'avance, et sans qu'elle s'en soit doutée, le talent de Mlle Marguerite comme musicienne ; je t'en aurais parlé, que peut-être tu aurais cru que j'exagérais.

—Mais où a-t-elle pu acquérir tant de science musicale ? A coup sûr ce n'est pas à Vernon, et elle a sans doute reçu des leçons des premiers professeurs de Paris ?

— Je ne crois pas qu'elle ait jamais quitté Vernon, ni qu'elle ait eu d'autres leçons que celles de sa mère.

— Alors cela prouve que Mme de Molveau est elle-même une artiste du premier ordre.

— Oh! pour cela, je puis t'affirmer le contraire. Mme de Molveau connaît, il est vrai, parfaitement les principes de la musique; elle les a enseignés à sa fille, elle a dirigé son goût, lui a donné d'utiles conseils qui lui ont fait faire de rapides progrès; mais elle-même serait incapable d'exécuter aucun des morceaux que sa fille joue avec une étonnante facilité.

— En ce cas, pour qu'une enfant si jeune arrive au degré de force où elle est parvenue, elle a dû faire de la musique son occupation à peu près exclusive, et négliger les autres parties de son instruction.

— C'est ce qui te trompe encore, mon enfant, reprit ma tante en souriant avec une certaine malice; la musique n'a jamais été pour Marguerite qu'une récréation, qu'un délassement passager ; ses études sérieuses n'en ont point souffert, et toi, qui as remporté à ta pension le premier prix d'histoire et de géographie, le second prix de littérature et de composition, je doute que tu sois aussi forte en littérature, en histoire, en géographie, que cette enfant, qui a deux à trois ans de moins que toi. »

Je fus un peu piquée de ce rapprochement. J'y crus voir l'intention de ma tante de me faire sentir que, malgré les prix que j'avais obtenus, mon instruction était loin d'être complète, et que j'avais encore besoin du séjour de la pension, pour lequel je témoignais depuis quelque temps une certaine répugnance, c'est-à-dire depuis que je savais que tu ne devais plus y retourner. Je répondis donc d'un air sérieux : « Mon Dieu, ma tante, je suis loin de contester la supériorité de Mlle de Molveau sur moi ; je suis même prête à reconnaître que si je l'avais eue pour concurrente, elle m'aurait facilement enlevé les prix que j'ai remportés, même ceux d'écriture et de dessin, dont vous n'avez pas parlé ; mais que voulez-vous, il n'est pas donné à tout le monde d'être doué des mêmes capacités que Mlle Marguerite, et, pour mon compte, je n'aspire pas à devenir une femme savante.

— Mon Dieu, ma nièce, reprit ma tante toujours avec ce sourire malin et cependant bienveillant que tu lui connais, comme tu prends facilement la mouche ! Vraiment je ne te croyais pas si susceptible. Mais, mon enfant, continua-t-elle d'un air plus grave, je n'ai eu nullement l'intention de faire, entre Marguerite et toi, une comparaison capable de te blesser. Si la pauvre enfant l'emporte sur toi en quelque chose, tu n'as pas lieu d'en être jalouse ; car elle n'a acquis cette supériorité qu'au prix et comme faible compensation d'un malheur dont Dieu veuille à jamais te préserver ! Quant à l'écriture et au dessin, que j'avais omis avec intention, jamais elle ne pourra te disputer la prééminence sous ce rapport. »

Le ton sérieux et même triste de ma tante me frappa. Je me sentis profondément émue, sans pouvoir me rendre compte de ce qui causait cette émotion. « Que voulez-vous dire, ma tante ? lui demandai-je vivement ; je ne vous comprends pas.

— Je veux dire que la pauvre Marguerite est aveugle.

— Aveugle ! m'écriai-je ; et en même temps je sentis mes yeux se mouiller de larmes. Aveugle ! répétai-je ; pauvre enfant ! Ah ! que je la plains !

— Sa mère est plus à plaindre qu'elle, reprit ma tante ; car elle n'a jamais pu s'accoutumer à supporter avec résignation le coup terrible dont Dieu l'a frappée dans son enfant. Quant à celle-ci, elle a déployé un courage, une résolution au-dessus de tout éloge, en même temps qu'une soumission admirable à la volonté de Dieu.

— Elle n'est donc pas aveugle de naissance ?

— Non, mon enfant ; elle a perdu la vue des suites de la petite vérole, à l'âge de sept à huit ans.

— Elle n'en est que plus malheureuse,

observai-je ; car elle connaît toute l'étendue de la perte qu'elle a faite.

— Sans doute, elle la connaît, et c'est
en quoi elle est plus digne d'admiration
pour avoir su non-seulement se résigner
à son sort, mais trouver dans l'étude, et
surtout dans la prière, car elle est d'une
piété exemplaire, une source de jouissances et de consolations qu'elle paraît
goûter et apprécier d'autant plus que
tout est pour elle sentiment intime, au
milieu des ténèbres continuelles où elle
est condamnée à vivre. Aussi je ne crains
pas d'affirmer qu'elle est bien intéressante, bien touchante, mais qu'elle n'est
pas malheureuse. Sa mère seule, comme
je te l'ai dit, est à plaindre, et ne peut
encore se consoler, quoique devant sa
fille elle cherche à dissimuler ce qu'elle
éprouve ; mais, en son absence, la moin-

dre allusion au malheur qui a frappé sa
Marguerite réveille sa douleur avec une
nouvelle vivacité, et tu as pu en faire la
remarque ce matin lorsque nous sortions
du souterrain de Rolleboise, et que tu
t'es écriée : « Ah! que je plains les
pauvres aveugles ! »

— Oui, sans doute, je l'ai remarqué,
et aussi le regard que vous m'avez lancé
en ce moment pour m'imposer silence;
mais pourquoi ne m'avoir pas prévenue,
puisque vous aviez intention de me faire
faire la connaissance de Marguerite?

— Je voulais t'en parler pendant le
voyage et avant de te présenter à Mme de
Molveau; mais j'ai été surprise par la
présence inattendue de cette dame à la
gare, au moment de notre départ. Dès
lors elle ne nous a plus quittées, et je ne
pouvais, devant elle, te donner cette ex-

plication. Quand j'ai appris que nous ne
pouvions la voir ce soir, j'ai eu l'idée de
t'amener ici vers le coucher du soleil,
parce que je sais que c'est l'heure où
Marguerite vient habituellement dans ce
pavillon pour y faire de la musique. J'ai
voulu ainsi te donner d'avance un échan-
tillon de son talent, et le hasard nous a
bien servies ; car nous avons entendu une
espèce d'hymne dont elle a composé l'air
et les paroles, et qu'elle ne chante jamais
en présence de sa mère. »

Ce que je venais d'apprendre avait,
en un instant, changé l'idée que je m'é-
tais d'abord formée de Marguerite, lorsque ma tante en avait fait l'éloge aux
dépens de mon amour-propre. Cet éloge
m'avait fort peu intéressée en sa faveur,
et je ne me souciais guère de me trouver
en rapport avec une petite pédante pro-

vinciale, qui m'écraserait du poids de sa supériorité scientifique. Mais en apprenant sa déplorable infirmité, je me suis sentie entraînée vers elle par un penchant irrésistible, et j'attendais avec impatience le moment de me trouver en présence de cette intéressante et infortunée créature.

Ce moment est enfin arrivé ce matin. Ma tante et moi nous nous sommes rendues, vers onze heures du matin, chez Mme de Molveau. Elle était seule dans son salon ; après avoir embrassé ma tante, elle m'a baisée au front, et m'a parlé avec une bonté qui a dissipé promptement l'embarras involontaire que j'éprouvais en entrant. En même temps elle a sonné, et a dit à la femme de chambre qui s'est présentée d'aller chercher sa fille, qui se promenait dans le jardin.

« Si, au lieu de déranger Marguerite,
a dit ma tante, nous allions la trouver?
Par cette belle matinée, on est mieux
dans un jardin que dans un salon.

— Comme vous voudrez, » a répondu
Mme de Molveau; et nous nous sommes
aussitôt rendues au jardin par une grande
porte vitrée du salon qui ouvre sur une
terrasse. A peine étions-nous entrées
dans une allée, que Mme de Molveau s'est
écriée : « Ah! voici Marguerite qui nous
a entendues, et qui vient à notre rencontre. » A ces mots, j'ai tourné les yeux
du côté qu'elle indiquait, et j'ai vu s'a-
vancer seule, avec aisance et une certaine dignité, quoique les yeux fermés,
cette jeune personne qui occupait mon
esprit depuis la veille. Elle était suivie
à quelques pas par une jeune fille de dix
à douze ans, qui tenait une corbeille rem-

plie de roses fraîchement cueillies. Je
compris que cette enfant était là pour
servir, à l'occasion, de guide à sa maîtresse ; mais dans ce moment celle-ci n'en
avait pas besoin, et elle marchait d'un
pas aussi assuré que si elle eût joui d'une
vue égale à la mienne. Pendant que nous
avancions l'une vers l'autre, je l'exami-
nais avec attention.

Elle est plus grande qu'on ne l'est ordinairement à son âge ; sa taille est élégante
et sa tournure distinguée. Une simple
robe de percale blanche composait toute
sa toilette, et dans ses beaux cheveux elle
portait pour unique ornement une rose
à demi épanouie, qu'elle y avait placée
sans la voir, mais avec l'instinct d'un
goût parfait. Un petit mouvement presque imperceptible de la main lui faisait
éviter les obstacles qu'elle aurait pu ren-

contrer sur son chemin. Un repos céleste semblait imprimé sur ses traits : on eût dit une belle somnambule, ou un être surnaturel appartenant à l'ordre des esprits bienheureux. Je me sentis pénétrée, en la regardant, d'un sentiment indéfinissable d'admiration, de pitié, je dirai même de respect.

Cependant elle avançait lentement, en souriant d'un air affable. Quand elle n'a plus été qu'à quelques pas de nous, Mme de Molveau lui a dit : « Ma fille, voici Mme Lemercier et sa nièce, Mlle Amélie de Courcelles, qui nous font l'amitié de venir passer avec nous une partie de la journée.

— Bonjour, ma chère Marguerite, a dit aussitôt ma tante en l'embrassant; voici une compagne que je vous amène pour ces vacances, et qui désire vivement faire votre connaissance. » Et, en disant ces mots, elle a pris ma main, qu'elle a mise dans celle de Marguerite.

« Merci, Madame; merci, Mademoiselle, a-t-elle répondu en me serrant la main; c'est bien charitable à vous de vouloir bien venir de temps en temps charmer par votre présence la solitude dans laquelle je suis condamnée à vivre. » Puis, s'adressant tout à coup à la petite fille qui l'accompagnait : « Claudine, lui a-t-elle dit, donne-moi ta corbeille. » L'enfant la lui a tendue aussitôt. Marguerite, après avoir effleuré du bout des doigts les fleurs qui y étaient entassées, a choisi une rose en tout semblable à celle qui ornait ses cheveux, et me l'a présentée en disant : « Permettez-moi, Mademoiselle, pour commencer notre connaissance, de vous offrir ce produit de mon jardin. »

J'ai remercié de mon mieux, comme tu le penses bien, la gracieuse enfant; je lui ai dit que sa rose était charmante, et que j'allais la placer dans mes cheveux, afin d'être coiffée comme elle.

Cette idée a paru lui faire plaisir; elle a souri, et m'a serré la main avec cordialité.

En même temps la cloche du déjeuner s'est fait entendre. « Allons, a dit Mme de Molveau, ne laissons pas refroidir le déjeuner. » Et prenant le bras de ma tante, elles se sont acheminées ensemble vers le salon. Nous les suivions, Marguerite et moi, en nous donnant la main. Arrivées au salon, nous avons ôté nos chapeaux, et je me disposais à placer dans mes cheveux la rose de Marguerite, quand celle-ci m'a dit : « Voulez-vous me permettre de la poser moi-même? » Et, sans attendre ma

réponse, sa main gauche avait touché
légèrement ma chevelure, pour reconnaître la manière dont j'étais coiffée, et,
prenant de la droite la rose que je tenais,
elle l'a placée en un clin d'œil, l'a assu-
jettie avec une épingle à cheveux, et tout
cela s'est fait avec une dextérité qui
aurait fait honneur à un habile coiffeur.
« Est-ce bien comme cela? m'a-t-elle demandé quand elle a eu fini.

— Très-bien.

— En ce cas, allons déjeuner, car il
ne faut pas faire attendre papa. »

M. de Molveau, en effet, nous attendait
à la salle à manger. C'est Marguerite qui
m'a présentée à son père. C'est un homme
d'une cinquantaine d'années; il m'a paru
fort aimable, et il me semble avoir pris
plus courageusement que sa femme son
parti sur le malheur qui a frappé sa fille.

Le temps me manque pour te donner des détails sur le reste de cette journée, qui s'est écoulée avec une rapidité incroyable, et je tiens absolument à ce que cette lettre parte ce soir ; mais, comme je reverrai ma jeune aveugle demain et tous les jours suivants, je t'en parlerai, si toutefois cela t'intéresse, dans ma prochaine lettre, d'une manière plus complète encore que je ne pourrais le faire aujourd'hui.

IIe LETTRE

—

AMÉLIE A MATHILDE

.

Vernon, ce 31 août 1855.

J'ai reçu hier seulement ta réponse à
ma lettre du 20. Malgré toute l'impatience que me causait l'attente de tes nouvelles, je n'ai pas un instant douté de
ton cœur, et j'étais convaincue que des
raisons graves et légitimes étaient seules
causes de ce retard. . . . .

Je vois avec le plus grand plaisir
que tu t'intéresses beaucoup à ma jeune
voisine, et que tu désires vivement avoir
de nouveaux détails sur elle. Je ne demande pas mieux que de te satisfaire,
d'autant plus que si je n'avais pas ce
sujet de correspondance, j'aurais fort peu
de chose à te mander de ce pays-ci; j'a-
jouterai même que si je n'avais pas habituellement la société de Marguerite, je
m'y ennuierais beaucoup. Je passe auprès
d'elle la plus grande partie de mon temps,
et chaque jour je trouve un nouveau
charme à sa société. Tu ne saurais t'ima-
giner tout ce qu'il y a d'esprit, d'intelligence et de cœur dans cette enfant...
Mais, avant d'essayer de te la peindre
telle qu'elle est aujourd'hui, il faut que
je te raconte en peu de mots son histoire.

Jusqu'à l'âge de sept ans, Marguerite était une petite fille charmante, bien aimée, bien choyée, bien gâtée par ses parents. Elle avait d'excellentes qualités, mais aussi des défauts qui la rendaient parfois insupportable. Elle aimait tendrement ses parents ; elle était charitable envers les pauvres, compatissante aux souffrances d'autrui. D'un autre côté, elle était volontaire, capricieuse, entêtée ; elle était gaie, mais d'une gaieté bruyante et tapageuse, et, par conséquent, fort peu convenable chez une jeune fille. Du reste, ces défauts sont ceux de la plupart des enfants de cet âge, quand ils sont trop gâtés par leurs parents. Malheureusement, si on ne prend pas le soin de les corriger à temps, ces mêmes défauts deviennent de plus en plus difficiles à déraciner, et souvent ils se changent en vices incurables. Peut-être M. et Mme de Molveau mettaient-ils trop de lenteur et de mollesse à porter un remède efficace à ce mal, quand un fléau terrible se chargea de le couper par la racine.

Marguerite avait sept ans et demi lorsqu'elle fut atteinte de la petite vérole, quoiqu'elle eût été vaccinée quelques mois après sa naissance; mais de nombreux exemples ne prouvent que trop que ce préservatif n'est pas toujours d'une efficacité absolue. Cette affreuse maladie, après l'avoir conduite à la porte du tombeau, exerça ses ravages sur les beaux yeux bleus de la pauvre enfant, respectant les traits délicats et fins de son visage. Pendant plusieurs jours ses parents, et Marguerite elle-même, doutèrent de leur malheur... Mais bientôt il fallut se rendre à l'évidence : hélas! les yeux étaient perdus pour toujours, et les paupières s'abaissèrent pour ne plus se relever.

Tu peux juger de la douleur des parents de Marguerite ! Ce ne fut qu'après l'avoir longuement préparée à ce sacrifice qu'ils lui laissèrent perdre l'espoir de recouvrer la vue ; encore ni l'un ni l'autre n'eurent la force de lui annoncer ce malheur. Ce fut M. le curé de Vernon, le confesseur de Marguerite, qui s'en chargea. Je te ferai observer en passant qu'aux qualités de Marguerite, dont je t'ai fait l'énumération, j'aurais pu ajouter la piété. En effet, sa mère lui avait appris dès sa plus tendre enfance à connaître, à aimer Dieu, à le prier matin et soir, et l'avait accoutumée peu à peu à accomplir, suivant son âge et son intelligence, tous ses devoirs religieux. Dès qu'elle avait eu atteint l'âge de sept ans, elle était allée à confesse, et, pendant quelque temps, on s'était aperçu de l'influence salutaire qu'avaient exercée sur son caractère les conseils salutaires qu'elle avait reçus au tribunal de la pénitence. Quand elle était tombée malade, chaque jour M. le curé venait lui-même, ou envoyait s'informer de ses nouvelles. Pendant une des visites du pasteur, elle témoigna le désir de se confesser, et ce désir, comme tu le penses bien, fut promptement satisfait. Elle fut si heureuse des consolations que les paroles du ministre de Dieu lui avaient apportées, que deux autres fois pendant le cours de sa maladie elle voulut recourir à ce remède salutaire. Tu comprends maintenant que personne mieux que M. le curé ne pouvait lui révéler la terrible sentence qui la retranchait du

nombre des *voyants*. Comment s'y prit-
il pour lui annoncer le triste sort auquel
elle était condamnée? Quelles compensa-
tions lui fit-il espérer en échange de la
perte irréparable qu'elle venait de faire?
C'est ce qu'on ignore. Mais ce qu'il y a
de certain, c'est qu'à partir de ce moment elle montra une résignation admirable, je dirai même sublime, et que,
loin d'avoir besoin de consolations, c'est
elle-même qui en donna à ses parents,
plus inconsolables qu'elle-même du coup
qui l'avait frappée.

Si l'amour d'un père ou d'une mère
peut être augmenté, assurément leur
amour s'accrut du malheur de leur enfant.
Marguerite fut entourée de tant de soins,
d'attentions délicates, de tendres pré-
venances, qu'elle disait parfois en souriant gaiement : « Vraiment, je n'ai ja-

mais été si heureuse que depuis que je
suis aveugle! » Son caractère subit en
même temps la plus heureuse transfor-
mation. Les caprices, l'entêtement, la
gaieté vive et turbulente qui la caracté-
risaient avant sa maladie, firent place à
une douceur, à une aménité, à une gaieté
calme et sereine qui la faisaient chérir
de plus en plus de tous ceux qui l'entou-
raient. C'est ainsi que, dès sa convales-
cence, et à mesure que sa santé se raffer-
mit, elle devint peu à peu un être pur,
innocent, gai, aimable et bienveillant.

Avant sa maladie, son instruction avait
été commencée et suivie avec assez de
soin, autant toutefois que le permet-
taient ses caprices et son étourderie.
Cependant, comme elle avait une excellente mémoire et une intelligence vive,
elle avait fait d'assez rapides progrès.

Ainsi elle lisait bien, écrivait passablement, savait presque en entier le catéchisme de Fleury, une partie du catéchisme du diocèse, puis, de temps en temps, elle apprenait par cœur une fable de la Fontaine, ou quelques morceaux courts, choisis dans nos meilleurs auteurs en vers et en prose.

Lorsque sa santé fut complétement raffermie, elle demanda elle-même à reprendre ses études, si longtemps interrompues. On acquiesça sans peine à son désir. Bientôt son père et sa mère, qui se chargèrent d'être ses seuls précepteurs, furent émerveillés des progrès rapides qu'elle fit dès les premières leçons. On eût dit que ces quelques mois d'interruption dans ses études avaient mûri et développé ses facultés, comme l'auraient pu faire plusieurs années d'un travail assidu. Lorsqu'on lui parlait de ce changement merveilleux, et qu'on en témoignait de la surprise, elle répondait avec simplicité : « Cela n'a rien d'étonnant : autrefois j'étais continuellement distraite par les objets extérieurs qui frappaient ma vue ; je ne pouvais m'appliquer à rien ; une mouche qui volait, un oiseau que j'apercevais sur un arbre, ou un papillon sur une fleur, me causaient des distractions continuelles. Mes yeux étaient comme une porte ouverte, par où s'échappait une partie des choses utiles qu'on versait dans mon âme ; aujourd'hui que cette porte est fermée, tout ce que reçoit et conçoit mon intelligence, tout ce qui pénètre dans mon esprit n'en sort plus que difficilement. »

Ainsi, en peu d'années, elle acquit des trésors d'instruction et des talents

d'agrément dans lesquels elle trouva une
source inépuisable de jouissances et de
consolations. Mais ses plus grandes consolations lui vinrent de la religion; elle
l'étudia avec plus de soin et d'ardeur
qu'elle n'en apportait aux autres parties
de son instruction, et en même temps
elle pria avec une ferveur qu'elle n'avait
jamais connue. Lorsqu'elle eut atteint sa
dixième année, M. le curé la trouva suffisamment instruite et préparée pour faire
sa première communion. Ce grand acte
de la vie chrétienne, accompli dans les
plus favorables dispositions, sembla donner un nouveau caractère de douceur, de
paix, de sérénité à cette âme d'élite; ce
caractère se réfléchit sur ses traits, et y
répandit ce calme angélique qui n'ap-
partient qu'à une conscience pure, à un
cœur brûlant de l'amour divin, et qui

donne à sa physionomie ce quelque chose de céleste qui m'a frappée lorsque je l'ai vue pour la première fois.

On a remarqué depuis longtemps que les autres organes des sens se perfectionnent singulièrement par suite de la perte de l'un d'eux. C'est une sorte de dédommagement que la Providence accorde généralement à ceux qui, par une cause quelconque, ont été privés d'un de leurs sens. Marguerite est un nouvel exemple de ce phénomène, bien souvent observé; chez elle, l'ouïe et le tact ont acquis une justesse et une délicatesse incroyables. Comme elle le dit quelquefois en riant, « ses yeux sont maintenant dans ses oreilles et au bout de ses doigts. » C'est ainsi qu'elle a acquis une adresse merveilleuse pour exécuter différents petits ouvrages de tricot, de filet, de perles

et même de dentelles; qu'elle circule
sans crainte et avec sûreté dans toute la
maison et dans les environs; qu'elle se
rend utile dans l'intérieur en prenant
part aux soins domestiques, et qu'elle
charme enfin sa famille par ses talents,
par les connaissances de son esprit, par
l'agrément de sa conversation et par la
bonté de son caractère.

Marguerite est grande pour son âge;
elle n'a pas encore quatorze ans, et sa
taille n'a pas acquis tout son développe-
ment; cependant elle a quelque chose
d'enfantin dans la physionomie, qui la
fait paraître plus jeune qu'elle ne l'est
en effet. A côté d'elle, je parais avoir au
moins trois à quatre ans de plus qu'elle,
quoique je n'en aie que deux à peine;
mais si elle a l'extérieur d'une enfant de
douze à treize ans, elle a souvent la con-

versation et le raisonnement d'une personne de trente ans, encore veux-je dire d'une personne instruite, qui parle et raisonne sensément; dans ces occasions-là, moi j'ai l'air d'une enfant à côté d'elle. Mais il ne faut pas croire qu'elle fasse à tout propos étalage de son érudition; personne n'est plus qu'elle ennemie du pédantisme. Elle sait mettre sa conversation à la portée de tous ceux avec qui elle cause, et ce n'est que quand elle y est en quelque sorte forcée par les circonstances que son langage s'élève avec celui de ses interlocuteurs, et sait prendre le ton qu'eux-mêmes ont donné à la conversation.

Depuis notre première rencontre, j'allais dire *entrevue*, nous nous sommes familiarisées ensemble avec une grande facilité, en nous promenant seules dans le

jardin ; après le déjeuner du premier jour
dont je t'ai parlé dans ma dernière lettre,
elle me fit une foule de questions sur
Paris et sur mon voyage, et accompagna
mes réponses de réflexions toujours sen-
sées, mais souvent pleines de finesse et
d'enjouement. Cette gaieté me surprit,
moi qui avais fait souvent la remarque
que les aveugles étaient ordinairement
tristes ; et tu dois te rappeler à ce sujet,
ma chère Mathilde, qu'un jour, en nous
promenant ensemble au Luxembourg,
nous rencontrâmes un certain nombre
de jeunes filles aveugles appartenant à
l'institution tenue par des sœurs ; peu de
temps après, nous nous trouvâmes au
milieu d'un groupe de jeunes sourdes-
muettes appartenant à une autre institution. Te souviens-tu comme les pauvres
petites aveugles paraissaient tristes? La

plupart restèrent assises sur des bancs, causant à voix basse; d'autres se promenaient à pas lents, et guidées par une bonne sœur, qui cherchait à leur faire prendre un peu d'exercice et à les égayer; mais elle ne pouvait y parvenir, et nous vîmes plus d'un visage de ces pauvres enfants se couvrir de larmes. Maintenant te souviens-tu du contraste qu'offraient les sourdes-muettes à côté des jeunes aveugles? Te rappelles-tu avec quel entrain elles jouaient, elles sautaient, elles couraient? Comme la joie brillait dans leurs yeux, et éclatait en cris inarticulés et presque sauvages! Te rappelles-tu cette petite espiègle qui mima à ses camarades, avec une expression si comique, notre démarche, notre air, et jusqu'à notre toilette; que nous ne pûmes nous empêcher de reconnaître notre portrait ou

plutôt notre caricature, et que nous par-
tîmes d'un éclat de rire qui excita l'hila-
rité de toutes ces jeunes filles? Enfin,
pour terminer cette longue parenthèse,
nous conclûmes de cette double rencontre que la situation des aveugles était
bien plus triste, bien plus pénible à supporter que celle des sourds-muets, et que
la perte de la vue devait causer une privation bien plus cruelle que la perte de
l'ouïe et de la parole.

Sous l'influence de ce souvenir, une
fois que je fus tout à fait familiarisée
avec Marguerite, je ne pus m'empêcher
de lui témoigner quelque surprise de
sa gaieté, surtout chez elle, qui n'était
pas aveugle-née. « Il est vrai, me répondit-elle, qu'il me manque quelque chose
de plus qu'aux aveugles de naissance :
c'est de ne pas ignorer le prix du bien

que j'ai perdu. Mais, d'un autre côté, ce souvenir n'est pas sans charme : il me présente un vague tableau des beautés de la nature, comme on se figure avec l'imagination les délices d'un siècle d'or ou d'un séjour de béatitude parfaite. Ce tableau est peut-être plus beau que la réalité même, et je perdrais sans doute de mes illusions si, recouvrant la vue, je voyais les choses telles qu'elles sont effectivement. Cependant, je le sais, j'ai perdu beaucoup : je me rappelle d'avoir vu la splendeur du soleil, le doux éclat de la lune, le vif scintillement des étoiles, et cette verdure, et ces jolies fleurs, dont je ne sens plus que le parfum, et surtout les traits de ma mère, de mon père, de mes amis... Je ne verrai plus tout cela! Mais j'entends encore la voix de mon père, de ma mère, de mes amis; ils

voient pour moi, et j'ai encore un cœur
pour les aimer, et j'y garde leur image
gravée en traits ineffaçables. Cette image
y restera toujours la même, et quand la
vieillesse aura changé leurs traits, creusé
des rides sur leur front et blanchi leurs
cheveux, moi je les verrai toujours jeunes
et me souriant comme aux jours de mon
heureuse enfance. Pourquoi donc serais-je
triste? Je ne suis pas malheureuse; je
n'ai pas le droit de me plaindre de Dieu,
qui m'a ôté ce qu'il m'avait donné; car
il m'a largement dédommagée de la perte
que j'ai faite. Souvent nous regardons
comme un mal les épreuves qui nous
arrivent, tandis que Dieu ne nous les
envoie que pour notre bien, et pour
qu'en les supportant courageusement
nous sachions, avec sa grâce, les faire
tourner à notre avantage. Les saintes

Écritures nous apprennent que le péché
entre fréquemment dans l'âme par les
yeux; eh bien, je me dis : Dieu, en
m'ôtant la vue du corps, m'a ôté sans
doute de fréquentes occasions de pécher :
grâces lui en soient rendues ! D'un autre
côté, si mon corps avait conservé l'or-
gane de la vue, mon âme n'aurait peut-
être jamais été éclairée au même degré
du flambeau de la foi, et des connaissances que j'ai acquises par suite de l'espèce d'isolement et de solitude où ma
cécité me force de vivre. Et d'ailleurs,
que m'importent ces ténèbres passagères
dans lesquelles je suis plongée pendant
la courte durée de mon pèlerinage sur
la terre? Quand vous avez traversé le
souterrain de Rolleboise, vous avez
éprouvé d'abord un saisissement involontaire en vous trouvant subitement en-

sevelie dans l'obscurité ; mais vous n'é-
tiez pas inquiète, parce que vous saviez
qu'au delà du tunnel vous trouveriez la
lumière du soleil : eh bien, il en est de
même pour moi. Ce n'est pas, je l'avoue,
sans une douloureuse émotion que d'a-
bord je me suis sentie frappée de cécité
pour le reste de mes jours ; mais peu à
peu le calme est revenu dans mon âme,
avec cette pensée consolante qu'au delà
de la traversée de cette vie, traversée
qui, arrivée au bout, aura passé en définitive aussi rapidement que celle de
Rolleboise, Dieu me rendra une vue plus
étendue et plus brillante que jamais, au
sein d'une lumière et d'une gloire éter-
nelles. C'est là ma ferme espérance, et,
pour arriver à une si belle destinée, on
peut bien supporter avec courage, et
même avec gaieté, les épreuves plus ou

moins pénibles que Dieu nous envoie pour
nous en rendre dignes. Aussi, loin de
me plaindre, je loue ce Dieu souverai-
nement bon, qui est tout charité, et qui
est charité aussi pour moi. C'est lui qui
m'a appris que le bonheur est en nous-
mêmes, et qu'on peut être heureux malgré bien des privations : c'est là la cause
de cette gaieté qui vous a si fort étonnée.
Oui, encore une fois, soyez bien convaincue que je ne suis pas malheureuse,
et je voudrais que tant de gens qui se
trouvent à plaindre, souvent pour bien
peu de chose, pussent lire au fond de
mon cœur : mon exemple ne leur serait
peut-être pas inutile. »

Cette conversation, ma chère Mathilde,
peut te donner une idée du caractère et
des sentiments religieux de Marguerite.
Je regrette que le temps et l'espace ne

me permettent pas de t'entretenir plus
longtemps aujourd'hui de cette jeune personne. Je n'ose plus l'appeler une enfant ;
car lorsqu'elle me parle avec ce son de
voix si doux, si mesuré, ce langage toujours digne, ces pensées si justes et si éle-
vées, ces sentiments si touchants, je crois
entendre la voix de la sagesse même, et je
me sens une bien petite fille à côté d'elle.
Cependant, avant de clore ma lettre, je
veux te citer d'elle un mot qui m'a profondément émue, et qui me fait encore
verser des larmes en écrivant ces lignes.

Hier, en causant seule avec elle, je ne
sais comment la conversation fut amenée
à parler de ma famille. Je lui dis que
mon père était capitaine de frégate, et
qu'il était en ce moment dans l'Océanie ;
que j'avais perdu ma mère lorsque j'é-
tais encore enfant.

« Comment ! s'écria-t-elle avec une expression de douleur indicible, vous n'avez plus de mère ?

— Hélas ! non, répondis-je ; à peine même en ai-je conservé le souvenir ; car je n'avais pas quatre ans quand la mort me l'a enlevée.

— Que je vous plains, ma pauvre Amélie ! reprit-elle avec des larmes dans la voix. Oh ! vous êtes bien plus malheureuse que moi ; la perte que vous avez faite est bien plus grande que la mienne, et j'aime mieux mille fois avoir perdu la vue que d'avoir perdu ma mère. »

Ce rapprochement inattendu, qui avait en quelque sorte jailli de son cœur comme un élan involontaire et spontané, jeta dans mon âme un trouble que je ne saurais exprimer. J'étais trop jeune, à l'époque où j'avais été privée de ma mère, pour comprendre un tel malheur. Plus tard, il est vrai, j'y avais bien réfléchi quelquefois avec douleur; mais jamais je n'avais compris toutè l'étendue de cette perte comme venait de me le faire sentir la simple réflexion de Marguerite. Ainsi moi qui tout à l'heure me croyais en droit de la plaindre, j'étais pour elle, à mon tour, un objet de compassion. Oh! oui, elle a raison : est-il rien, pour une jeune fille, de plus déplorable que la perte d'une mère? Cette pensée fit couler des larmes de mes yeux, et un profond soupir s'exhala de ma poitrine. Marguerite l'entendit, et, s'emparant d'une de mes mains et la pressant tendrement dans les siennes : « Ah! pardon, dit-elle avec bonté, je vous ai affligée sans le vouloir, en vous rappelant un malheur irréparable, et en l'opposant au bonheur

dont je jouis. Mais parlons d'autre chose :
Avez-vous souvent des nouvelles de
M. votre père ? » Je lui répondis que je
n'en avais que bien rarement, mais qu'il
était en ce moment en voie de retour en
Europe ; que sa dernière lettre était datée
du cap de Bonne-Espérance, et qu'il
comptait arriver à Brest vers la fin de
septembre, ou au commencement d'oc-
tobre.

« Oh ! reprit-elle, que vous devez attendre ce moment avec impatience, et
que vous serez heureuse d'embrasser ce
bon père après une si longue sépara-
tion !... Et puis, que de choses il aura à
vous dire ! que de récits intéressants il
vous fera de ses voyages ! Combien, pour
ma part, je serais curieuse de l'entendre
décrire ces belles îles de l'Océanie, où
règne un printemps éternel, de l'en-

tendre raconter l'histoire et peindre les
mœurs de ces peuplades sauvages, chez
lesquelles nos courageux missionnaires
portent avec tant de dévouement le flambeau de la foi et de la civilisation!...
Mais j'espère que, quand nous nous
reverrons, vous me répèterez quelque
chose de ce que vous aurez appris de sa
bouche. Rien ne m'intéresse autant que
les voyages. Nous lisons dans ce mo-
ment-ci ceux de Dumont d'Urville, et les
lettres des missionnaires insérées dans
les *Annales de la propagation de la foi;*
il n'est donc pas étonnant que je con-
naisse un peu l'Océanie; mais j'aimerais,
par-dessus tout, entendre les récits d'un
témoin oculaire. »

Nous continuâmes encore pendant
quelque temps à parler voyages et géographie, et je puis t'assurer que ma

tante avait bien raison lorsqu'elle me disait que dans cette partie, comme dans bien d'autres, elle l'emportait de beaucoup sur

Ton amie dévouée,

AMÉLIE DE C.

IIIᵉ LETTRE

AMÉLIE DE COURCELLES A MATHILDE PERCEVAL

Vernon, 15 septembre 1855.

..... Je t'ai parlé dans ma première lettre, ma chère Mathilde, d'une petite fille nommée Claudine, qui accompagnait Marguerite lorsqu'elle venait à notre rencontre dans le jardin. L'histoire de cette enfant, et la manière dont Marguerite se l'est attachée, méritent d'être racontées.

Quelques mois avant sa maladie, Marguerite était allée un jour se promener avec sa mère du côté de la belle forêt de Bizi, voisine de Vernon. En arrivant à l'entrée de la forêt, elles aperçurent, assise au pied d'un arbre, une vieille femme qui tenait une petite fille pressée dans ses bras, et qui paraissait lui faire apprendre une leçon, que l'enfant répétait avec docilité. Cette leçon était interrompue de temps en temps par un baiser de la vieille ou par une caresse de la petite. Ce tableau toucha Mme de Molveau, qui se dirigea, avec Marguerite, vers l'arbre où la vieille était assise. Celle-ci, entendant quelqu'un s'approcher, mit à terre la petite fille, qui vint aussitôt au-devant de Mme de Molveau en disant, de ce ton particulier aux mendiants : « Madame, la charité, s'il vous plaît, pour une pauvre aveugle, qui priera bien Dieu pour vous ! » Et elle tendait sa petite main en répétant la même phrase.

Mme de Molveau lui donna une pièce de monnaie, et, s'approchant de la vieille : « Ma bonne femme, lui demanda-t-elle, est-ce que cette enfant est à vous ?

— C'est ma petite-fille, répondit la pauvre aveugle : c'est la sœur de cinq autres enfants, dont le plus jeune n'a que six mois.

— Et que font leurs père et mère ?

— Leur père est un pauvre ouvrier terrassier, depuis quelque temps sans ouvrage à la suite d'une longue maladie ; la mère nourrit son dernier enfant, et travaille de l'aiguille ; mais ce qu'elle gagne est si peu pour une si nombreuse famille ! Moi, la vieille grand'mère, qui ai perdu la vue depuis trente ans, et qui

ne suis plus bonne à rien, je demande
l'aumône, afin de ne pas leur être trop à
charge. Voilà ma petite Claudine qui me
tient compagnie et qui me conduit depuis quinze mois, quoiqu'elle n'ait que
cinq ans à peine.

— En vérité! reprit Mme de Molveau;
mais comment pouvez-vous aller sûre-
ment avec un guide si peu expérimenté?

— Ah! ma chère dame, elle a bien
soin de moi; elle ne me quitte pas un
instant, et il ne m'est jamais rien arrivé
avec elle. Je n'ai pas été dans le cas de
lui faire un seul reproche; quelquefois,
quand je l'appelle parce que je crois
qu'elle est éloignée, je la sens tout de
suite à côté de moi, qui me répond en
m'embrassant.

— Pauvre petite! Mais savez-vous,
en effet, qu'elle a un joli visage qui an-

nonce tout à la fois beaucoup de bonté et d'intelligence?

— On me l'a dit, ma chère dame ; mais, hélas ! je n'ai jamais vu ni elle ni ma bru, sa mère.,.... » En disant ces derniers mots, deux larmes coulèrent des yeux fermés de la vieille.

« Ne lui faisiez-vous pas répéter une leçon tout à l'heure? reprit Mme de Molveau.

— Oui, je lui apprends ses prières ; c'est tout ce que je puis lui enseigner. Mais, l'an prochain, je tâcherai de me passer d'elle, afin qu'elle puisse aller à l'école ; ce sera un grand sacrifice. »

Pendant cette conversation, Marguerité était demeurée muette, les yeux fixés sur la petite fille, qui la regardait avec une bonne mine souriante et satisfaite. Marguerite, tout émue, s'approcha de l'oreille de sa mère, et lui dit tout bas : « Voyez donc la robe déchirée et les pieds nus de cette pauvre enfant ! Si vous le permettez, avec une de mes robes de toile sa mère pourrait en faire une très-bonne pour elle.

— Je le veux bien, ma fille ; nous la lui apporterons demain avec une paire de souliers. » A ces mots, Marguerite sauta de joie, et n'eut rien de plus pressé que d'annoncer cette bonne nouvelle à la petite-fille de l'aveugle. Tout en lui parlant, elle tira de sa poche quelques sous destinés à acheter des gâteaux et du lait, et on les entendit tomber dans le gobelet de fer-blanc de la vieille aveugle. Ces bienfaits inattendus firent rayonner de joie le visage de la petite fille, et elle se mit à prier Dieu pour ses bienfaitrices, en levant les yeux vers le ciel, comme un petit ange.

Mme de Molveau prit des informations sur cette vieille femme et sa famille. Elle apprit que c'étaient d'honnêtes gens, braves ouvriers que la misère et les maladies avaient souvent visités, et, sous tous les rapports, bien dignes des bienfaits de la charité. Dès le lendemain elle alla, avec Marguerite, visiter la pauvre famille, porter des vêtements aux enfants et des secours à la jeune mère nourrice et à la pauvre aveugle. Marguerite prit sous sa protection spéciale la petite Claudine, et chaque fois qu'elle sortait avec sa mère, elle demandait qu'on dirigeât la promenade du côté où elle rencontrerait la grand'mère aveugle et sa jeune conductrice. Je n'ai pas besoin d'ajouter que chacune de ces rencontres était marquée par un nouveau bienfait de Marguerite.

Quand celle-ci tomba malade, ce fut un grand chagrin pour Claudine et pour toute sa famille. La petite fille allait chaque jour s'informer des nouvelles de sa protectrice, et sa grand'mère et elle priaient avec ardeur pour sa guérison. De son côté, Marguerite n'avait pas oublié Claudine, et elle fut vivement touchée de l'intérêt qu'elle lui avait témoigné pendant sa maladie. Quand sa santé fut rétablie, mais qu'en même temps il n'y eut plus d'espoir de lui conserver la vue, la pauvre enfant dit avec le calme de la résignation : « Allons, me voilà maintenant comme la mère Galepin, — c'était le nom de la vieille aveugle ; — seulement il me manque une conductrice comme la sienne. Ah ! si j'avais Claudine pour me guider, je serais bien contente! » Elle revint souvent sur cette idée, manifestant sans cesse le désir d'avoir Claudine auprès d'elle. M. et Mme de Molveau, qui ne songeaient qu'à satisfaire aux moindres caprices de leur enfant, s'entendirent bientôt avec la famille Galepin pour attacher Claudine au service de Marguerite moyennant des gages plus que suffisants pour assurer le sort de la vieille grand'mère, et la dispenser désormais d'aller mendier, et par conséquent d'avoir besoin d'un guide.

Marguerite fut enchantée quand on lui fit part de cette résolution; toutefois elle y apporta quelques modifications. Il avait été convenu que la vieille aïeule resterait désormais à la maison, où elle pourrait même être de quelque utilité à sa bru, en berçant le plus jeune enfant, en tricotant, etc.; mais Marguerite voulut que la bonne femme vînt passer une grande partie de la journée avec elle. « La mère Galepin est aveugle depuis trente ans, disait-elle, je veux apprendre d'elle comment on s'accoutume à supporter cette infirmité ; il me semble qu'elle m'indiquera des consolations dont les clairvoyants ignorent le secret. D'un autre côté, elle prendra ici ses repas, et aura une nourriture plus convenable pour son âge que celle qu'elle peut trouver chez elle ; enfin cette pauvre femme est accoutumée à la société de sa petite-fille Claudine, il y aurait de la cruauté à l'en priver tout à fait. Claudine ira la chercher le matin avant l'heure de mon lever, elle la reconduira le soir, elle la verra de temps en temps dans la journée ; de cette manière la bonne femme ne s'apercevra presque pas d'une privation qui, sans cela, eût été un pénible sacrifice. »

Tout s'arrangea selon le désir de Marguerite. Claudine, une fois installée, devint sa compagne inséparable, je dirais même son amie plutôt que sa suivante. Lorsque Marguerite reprit ses études, elle voulut elle-même s'occuper de l'éducation de Claudine, et commencer par lui apprendre à lire. Cela te paraîtra peut-être fort difficile qu'un aveugle puisse montrer à lire à un clairvoyant, et cependant elle y réussit à merveille et en peu de temps. Je vais t'expliquer le moyen qu'elle employa, et tu comprendras sans peine comment elle obtint un succès qui, au premier abord, paraît incroyable.

Tu te rappelles que Marguerite, longtemps avant sa maladie, savait déjà trèsbien lire et passablement écrire. Quand elle fut devenue aveugle, une des choses qu'elle regrettait le plus était de ne pouvoir plus lire ni écrire. Son père, pour lui offrir un moyen de se dédommager un peu de cette double privation, lui acheta la plupart des livres imprimés à l'usage des jeunes aveugles. Tu sais que ces livres sont imprimés en caractères saillants, de manière que l'aveugle qui en fait usage reconnaît facilement, à l'aide de ses doigts, la forme de chaque lettre, et qu'avec un peu d'habitude il lit couramment et presque aussi rapidement qu'on peut le faire avec les yeux.

Il lui fit faire en même temps un assortiment complet de caractères mobiles en bois, figurant toutes les lettres et les signes usités dans l'écriture. Ces caractères et ces signes furent distribués, selon leur espèce, dans les petits compartiments

d'une grande table carrée disposée à peu
près comme une casse d'imprimerie. Pour
faire usage de ces caractères, on se sert
d'une petite planchette de bois avec un
rebord, ayant à peu près la forme de ce
qu'on appelle une *galée* en terme d'imprimerie ; seulement la planchette dont
je parle est beaucoup plus légère que la
galée, et elle est divisée du haut en bas
par un certain nombre de rainures destinées à recevoir les caractères et à former
les lignes. On prend les caractères un à
un dans les compartiments, on les range
dans la rainure de manière à former des
mots, et, quand une ligne est terminée,
la rainure se resserre par un mécanisme
fort simple et les caractères restent assu-
jettis à la place où on les a fixés ; puis on
recommence une autre ligne, jusqu'à ce
que la planchette soit remplie, ce qui

alors forme une page. On peut continuer ainsi, si l'on a d'autres planchettes et assez de caractères, de manière à composer un ouvrage d'une certaine étendue. Par ce moyen les aveugles peuvent transmettre directement leurs pensées, sans avoir recours à la parole.

Marguerite se familiarisa promptement avec ces deux modes de lecture et d'écriture, et c'est à l'aide de l'un et de l'autre qu'elle apprit à lire à Claudine. Ces exercices l'amusaient beaucoup, et elle prenait un vif intérêt aux progrès de son élève.

Mais bientôt Marguerite trouva que ce mode d'écriture était trop long, malgré l'habileté qu'elle y avait acquise. Elle imagina d'elle-même un moyen plus simple et plus rapide de transmettre ses pensées, ou de conserver par devers elle ce qu'elle aurait écrit. Plusieurs fois déjà,

lorsqu'elle avait eu sous la main une petite planche de bois tendre ou quelque
substance molle, telle que de la cire, elle
s'était amusée à y tracer assez profondément, avec un poinçon ou une aiguille
à tricoter, des caractères et même des
mots qu'elle reconnaissait ensuite facilement à l'aide du toucher. Elle n'avait pas
d'abord réfléchi au parti qu'elle pourrait
tirer de ce fait ; mais un jour que son
père lui lisait un passage de l'histoire
ancienne, où il était parlé de tablettes
enduites de cire, dont se servaient les
Romains et les Grecs pour écrire : « Oh !
s'écria-t-elle joyeusement et en inter-
rompant la lecture, voilà un moyen tout
trouvé pour que je puisse désormais écrire
comme je le désire depuis si longtemps !
Mon bon papa, je vous en prie, faites-
moi faire des tablettes dans ce genre-là ;

seulement ayez soin que la cire soit assez épaisse pour que le creux des caractères soit suffisamment sensible au toucher, et je vous promets que je vous écrirai des phrases que vous pourrez lire, comme moi je lirai facilement ce que vous m'écrirez. »

M. de Molveau, comme tu le penses bien, n'eut rien de plus pressé que de condescendre à ce désir. Il fit tout exprès le voyage de Paris, où on lui fabriqua des tablettes, non pas exactement comme devaient être celles des anciens, mais dans la forme qu'il jugea la plus convenable à l'usage auquel elles étaient destinées. Il réussit très-bien au goût de Marguerite, et depuis ce temps elle peut, comme elle le dit, « entretenir une correspondance avec ses amis. » Quand on la félicite de son invention, elle répond en riant : « Bah ! je ne saurais en prendre le brevet, car ce n'est qu'une invention renouvelée des Grecs. » Le fait est qu'elle est parvenue à écrire très-lisiblement sur ces tablettes, et qu'elle lit très-facilement ce qu'on y écrit, ainsi que j'ai pu le constater moi-même plusieurs fois.

Ç'est au moyen de ces tablettes que Claudine reçut d'elle les premières notions de l'écriture, puis on lui fit donner des leçons par un des meilleurs instituteurs de la ville. L'enfant a parfaitement répondu aux soins de sa protectrice. Elle est déjà, depuis plusieurs années, la lectrice habituelle et le secrétaire particulier de Marguerite.

A force de lire à sa maîtresse des ouvrages d'histoire ou de littérature, d'assister aux leçons que M. ou Mme de Molveau donnent à leur fille, de causer avec celle-ci, Claudine a acquis une instruction bien au-dessus de son âge et de sa condition. Outre les connaissances sérieuses auxquelles elle a été initiée par sa jeune protectrice, celle-ci a voulu lui apprendre la musique, de sorte qu'aujourd'hui Claudine est d'une certaine force sur le piano. Elle accompagne souvent Marguerite sur cet instrument, ou bien elle chante avec elle, et fait ordinairement la seconde partie avec beaucoup de goût et d'intelligence.

Un jour, une amie de Mme de Molveau, en causant avec Marguerite et la mère de cette enfant, dont elles lui vantaient les bonnes qualités et l'intelligence, leur adressa quelques observations sur l'éducation qu'elles donnaient à cette petite villageoise. « Ne craignez-vous pas, leur disait-elle, que cette éducation ne soit pas en rapport avec la

naissance et la fortune de Claudine? Trop
instruite pour une paysanne, pas assez
riche pour être une demoiselle, ayant
perdu le goût de la vie domestique à
laquelle elle était accoutumée, et du travail des champs, auquel sa condition
l'avait destinée, ne craignez-vous pas
qu'elle ne se trouve un jour dans une situation difficile et qui ne serait pas sans
danger pour elle? Encore si vous ne lui
aviez donné que l'éducation nécessaire
à une femme de chambre, elle aurait pu trouver un jour un bon emploi
dans ce genre; mais elle est devenue
l'amie, la compagne de Marguerite plutôt que sa domestique; elle partage ses
jeux, ses exercices; elle cause familière-
ment avec elle comme une sœur ou une
amie intime, et maintenant je crois que
cette petite, si elle quittait votre maison,

3*

trouverait difficilement à se placer, et
qu'elle aurait bien de la peine à s'accoutumer aux exigences d'un service régulier. »

Pour comprendre la sollicitude de cette
dame quant à l'avenir de Claudine, il
faut te reporter aux habitudes des petites
villes, où l'on contrôle impitoyablement
tout ce qui se passe chez ses voisins, où
les actions les plus simples comme les
plus honorables sont commentées de mille
façons jusqu'à ce qu'on ait cru apercevoir quelque point vulnérable sur lequel
puisse s'exercer la critique. Lorsque M. et
Mme de Molveau, à la sollicitation de
Marguerite, avaient pris dans leur maison et comblé de bienfaits la petite men-
diante et sa vieille grand'mère, il n'y
avait pas eu assez d'éloges pour cet acte
de charité. Plusieurs personnes *de la société*, c'est-à-dire appartenant à la classe

la plus riche de Vernon, s'étaient senties prises d'une belle émulation, et avaient voulu contribuer aussi au soulagement de la famille Galepin; le père trouva de l'ouvrage; des secours et des vêtements furent envoyés à la jeune mère et aux petits enfants; le plus âgé de ceux-ci, qui avait douze ans, fut placé comme domestique chez Mme C*** B***, cette même amie de Mme de Molveau qui était venue lui faire les observations rapportées plus haut; jusque-là tout allait bien; mais peu à peu la charité se refroidit pour cette pauvre famille, excepté de la part de Mme de Molveau. Ce fut alors que la malveillance chercha quelque moyen de blâmer la persistance de ces actes de bienfaisance, et l'on n'imagina rien de mieux que de trouver *déplacée, ridicule, dangereuse* même, l'éducation donnée à

Claudine; car on va vite dans les petites villes en fait d'exagération, dès qu'on rencontre une occasion de mordre. Ce fut pendant longtemps le sujet des conversations dans la société, sans que M. et Mme de Molveau se doutassent qu'ils fussent l'objet de la critique de leurs compatriotes. Mme C*** B***, *leur meilleure amie*, n'était pas celle qui avait le moins contribué à ces propos, parce que leur conduite à l'égard de Claudine était en quelque sorte la critique de la sienne envers le frère de cette petite. En effet, Mme C*** B***, qui avait voulu faire de cet enfant un groom, n'en avait fait en réalité qu'un véritable souffre-douleur, lui refusant une nourriture suffisante sous prétexte qu'il grandirait et grossirait trop. Aussi l'enfant, au bout de six mois de ce régime diététique, avait déserté et était

allé travailler avec son père. Mme C*** B***
se chargea donc, toujours en qualité d'a-
mie, d'être auprès de Mme de Molveau
l'interprète de l'opinion publique pour la
manière peu rationnelle dont elle élevait
Claudine.

Mme de Molveau, après l'avoir écoutée
jusqu'au bout, lui dit : « Je vous remer-
cie, Madame, de vos observations ; mais
soyez persuadée que ni mon mari, ni
moi, ni Marguerite, n'avons agi à la
légère en élevant Claudine comme nous
l'avons fait ; nous avons sur cette enfant
et sur son avenir des vues qui justi-
fient l'éducation que nous tâchons de lui
donner, et que nous nous efforcerons de
compléter. »

Elle n'en dit pas davantage, et
Mme C*** B***, après avoir vainement tenté
de connaître les projets de Mme de Molveau

sur la petite Galepin, sortit aussi peu
instruite qu'elle l'était en entrant. Elle
s'empressa de raconter à toutes ses connaissances le résultat de sa visite à sa
bonne amie, et l'on se perdit en conjec-
tures sur ce que pouvaient être « ces
vues, ces projets qui exigeaient une éducation aussi soignée ».

Quand je suis arrivée à Vernon, ce
mystère était encore l'objet des conversations de la société, et l'on était très-
intrigué pour en connaître le secret. Ma
tante seule l'avait appris de la bouche de
Mme de Molveau, qui connaît sa discrétion
et son antipathie pour l'esprit cancanier
des petites villes; Marguerite et sa mère
me l'ont aussi révélé, et j'ai la permission
de t'en faire part, mais à toi seule. Voici
donc ce grand mystère, qui fait tant
jaser à Vernon, et qui te donnera une

haute et complète idée de l'esprit de charité vraiment admirable qui anime le cœur de Marguerite et de ses parents.

Quelque temps après sa première communion, Marguerite conçut un projet qu'elle médita profondément avant d'en faire part à personne : c'était de consacrer sa vie au soulagement des infortunées qui, comme elle, sont privées de la vue. Elle a compris par sa propre expérience qu'une bonne éducation religieuse, une instruction solide, offriraient de puissants moyens de consolation à ces êtres déshérités, et pourraient même en faire des membres qui ne seraient pas inutiles à la société.

Après avoir longtemps réfléchi sur cette idée, elle la communiqua d'abord à son confesseur, en lui demandant s'il la croyait praticable, et, dans ce cas, elle se proposait d'en faire part à ses parents. M. le curé lui conseilla de les consulter immédiatement. Ceux-ci, après quelques objections, demandèrent quelque temps avant de lui en faire une réponse définitive. Ils voulaient savoir si elle persisterait dans ses intentions. Au bout de six mois, ils la trouvèrent aussi inébranlable dans son projet que le premier jour; alors, non-seulement ils y acquiescèrent, mais ils promirent de s'y associer. « Je ne puis pas, dit Marguerite, me mettre seule à la tête d'un établissement de cette nature; j'ai besoin, pour me seconder, de quelqu'un de *clairvoyant* sur qui je puisse compter, et je ne sache personne de plus convenable pour ces fonctions que Claudine, qui est habituée dès son enfance à vivre avec des aveugles. »

M. et Mme de Molveau furent de cet avis; on convint dès lors que l'éducation de Claudine serait dirigée dans ce but, et que, quand elle aurait atteint l'âge de quinze à seize ans, elle serait placée à Paris dans une institution de jeunes filles aveugles, pour apprendre les meilleures méthodes usitées pour l'éducation de ces pauvres enfants.

Voilà, ma chère Mathilde, les projets de cette respectable famille, dont je vais être forcée de me séparer avec beaucoup de regret, mais bien joyeuse d'ailleurs; car je reçois à l'instant une lettre de mon père qui m'annonce son arrivée à Brest, et me mande de venir le rejoindre sur-le-champ. Nous partons cette nuit, ma tante et moi, et je n'ai que le temps de t'embrasser.

CONCLUSION

Il y a maintenant sept ans que ces lettres ont été écrites, et nous pouvons annoncer à nos jeunes lectrices que Marguerite a obtenu l'objet de tous ses désirs, et qu'elle a fondé un établissement où, aidée de son amie Claudine Galepin, elle a réuni un certain nombre de jeunes aveugles, à qui elle prodigue les soins les plus touchants.

FIN

7608. — TOURS, IMPR. MAME

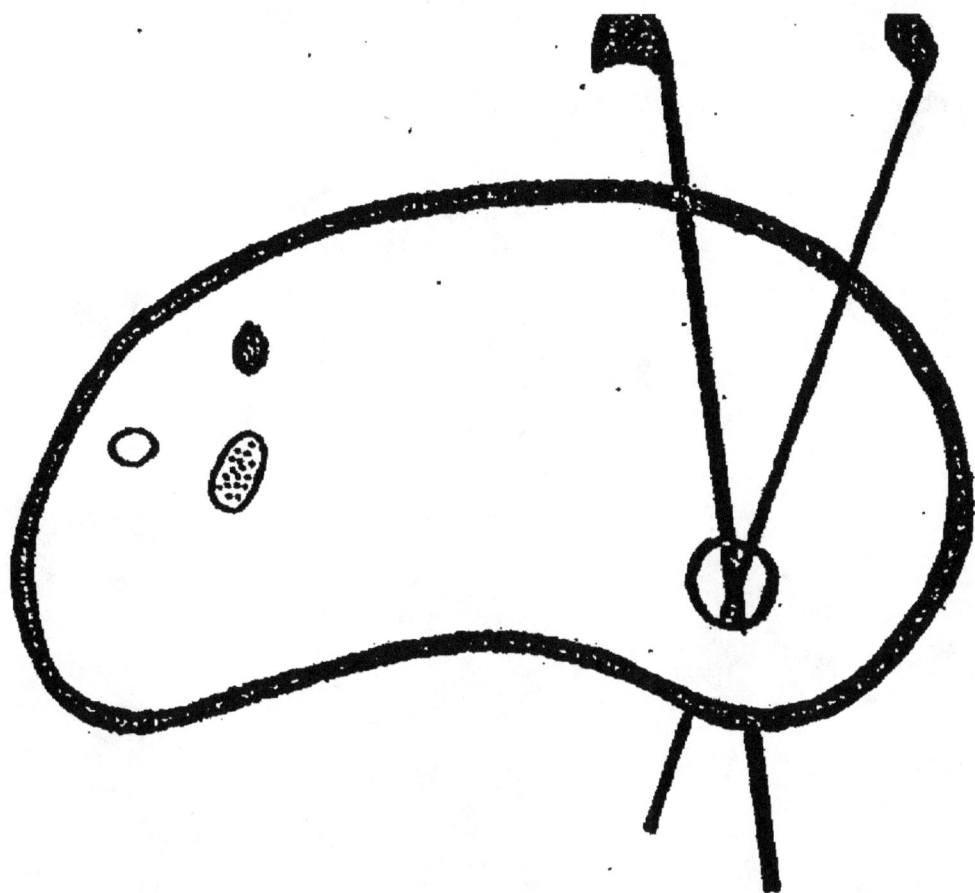

ORIGINAL EN COULEUR
NF Z 43-120-8

9 7 8 2 0 1 2 1 6 4 1 0 9